Publicando eBooks con Concepto de Flujo de Caja:

Cómo publicar su propio eBook en Amazon Kindle Paso a Paso desde el Inicio hasta el Final

por Christopher Kinkaid

Spanish Translation:

por Dr. Lisandro C. Vazquez Hernandez

I0476292

Solardyne.com

Published by Solardyne, LLC
Portland, Oregon

ISBN-13: 978-1500616427
ISBN-10: 1500616427

Índice

Prefacio

Aprenda cómo formatear y publicar su eBook en Amazon Kindle en 19 Pasos Fáciles. La Publicación Digital es una revolución - su Revolución.

Publicar eBooks es Fácil y Rápido, si usted sabe cómo hacerlo. La herramienta más potente de comunicación de internet le permite publicar sus en todo el amplio espectro de la plataforma Amazon Kindle, y se paga. Ahora, Usted puede alcanzar sitios de mercado para su alrededor de todo el mundo, todo a la vez, usando esta Guía Fácil Paso a paso.

Fluya en el potencial de alcanzar una audiencia de amplitud mundial para su eBook, y monetice su contenido digital para generar un flujo de caja mensual. Este eBook le muestra cómo formatear y publicar su eBook con la plataforma digital más larga del planeta. Traiga su eBook para aplicar el Concepto de Flujo de Caja.

Este eBook va Paso a Paso a través de la "Mecánica" de formatear y publicar su propio eBook con una secuencia de etapas desde el Inicio hasta el Final.

Publicar un eBook es una materia complicada. Existen propias convenciones, formatos, procedimientos, métodos y herramientas disponibles, pero ¿cómo Usted lo logra a través de toda esa niebla?

Este Book está diseñado para llevarlo a Usted, de modo lógico y sencillo, paso a paso a través de todo el proceso de publicación de los eBook, desde el Inicio hasta el Final, en etapas fáciles de seguir. Alcanzar una audiencia de amplitud mundial es una herramienta poderosa para Autores y Publicistas. Aprenda cómo publicar Fácilmente su eBook directamente desde su ordenador o PC, para salir y tocar el mundo.

La publicación y distribución de su eBook a escala mundial es la más grande oportunidad para los Autores de la 21º centuria. Este Book está escrito para tomarlo y llevarlo a Usted y a su eBook, desde el Concepto de flujo de Caja, Paso a Paso, desde el Inicio hasta el Final.

Acerca del Libro

Use este Book para aprender cómo publicar su eBook en Amazon con 19 Pasos. Este Book está escrito como un procedimiento Paso a Paso para formatear y publicar su eBook en el segmento de marcado de Amazon Kindle para la distribución y venta a escala mundial.

El proceso de publicación de un eBook es complejo en detalle, pero simple en formato. No se deje intimidar, incluso una gran montaña puede ser escalada con cada paso a su tiempo. En la publicación eBook, cada salida tiene una respuesta. Cada cambio, una solución. Cada libro que merece ser leído, debe ser escrito.

Este Book está diseñado para guiarle desde su concepto de eBook, a través de la construcción de un eBook completamente dinámico funcionalmente, y cargarlo en Amazon desde el principio. Tome las ventajas de las características de los modernos eBook y publique una experiencia eBook útil, interesante y agradable para sus lectores.

Viniendo desde el Concepto de Flujo de Caja, estos pasos son la herramienta para accede a la más grande oportunidad en la comunicación moderna: publicación digital desde su ordenador o PC, directamente a la red mundial Amazon en un solo "click."

Use la **Guía Rápida** con hipervínculos en el Capítulo Doce, el cual le da una lista de comprobación Paso a Paso para todos sus elementos y tareas de formateo.

Escribir un eBook exitoso es justamente más que una gran escritura. Publicar un eBook le da a usted la habilidad para alcanzar grandes audiencias, casi al instante, una vez que Usted sepa cómo hacerlo. Este eBook abarca los pasos secuenciales y la técnica para publicar su trabajo de principio a fin.

El Capítulo 1 le da un panorama general y revisa el proceso de diseño para estructurar su eBook.

El Capítulo 2 describe las Secciones, o elementos que usted debe incluir en su eBook. La experiencia del lector es el objetivo más importante de la publicación digital.

El Capítulo 3 discute su Titulo de eBook. El título define su eBook no solo para los lectores, sino para los programas de computadora donde compite eBook.

El Capitulo 4 describe todos los elementos de formateo que usted necesita para la función del eBook moderno.

El Capítulo 5 abarca el formateo de la imagen propia. Le aporta belleza y expresión a su eBook con Imágenes, así como insertar y salvar esas imágenes para una pantalla verdaderamente WISIWIG en dispositivos móviles.

El Capítulo 6 se dedica a las Técnicas de Producción para la Creación de su propia Cubierta eBook.

El Capítulo 7 discute la importancia de tener un editor. Más ojos significa más perspicacia en cómo la experiencia de los lectores de su eBook puede ser tanto emocional cómo intelectual.

El Capítulo 8 le trae a Usted la forma de Cargar sus carpetas a la editorial de Kindle y vivir en el espectro mundial de Amazon.

El Capítulo 9 cubre la monetización, la definición de precios, el pago, y la generación de un flujo de caja mensual.

El Capítulo 10 mira hacia la estructuración de su mente. Ahora que usted es un Autor, descubra técnica para construir su idea a través de una presencia web incrementada

El Capítulo 11 contiene la discusión Acerca de la publicación de libros en diferentes lenguajes para incrementar el número de eBooks que usted puede publicar.

El Capítulo 12 es vuestra Guía Rápida, y Lista de Comprobación Final Paso a Paso.

Use este Book para publicar su propio eBook en pasos fáciles de seguir desde el concepto de eBook, a través de ventas a escala mundial, y de la producción de un flujo de caja mensual.

Sobre el Autor

Christopher Kinkaid

Christopher (Toby) Kinkaid, originario de Portland, Oregón, es el fundador de **Solardyne.com**, **SolarQuote.com**, y de **AlgaeToday.com**, y ha trabajado en tecnologías de energías limpias por más de tres décadas. Kinkaid, es el inventor del Generador Eólico de Eje Vertical "Helyx", el modulo solar FV concentrador "Mariposa Non-imaging" (operación continua en el Laboratorio Nacional de Sandia desde 1994), las lentes ópticas de concentración solar Demultiplexer (Dr. James/Sandia National Laboratory,1991), y es el inventor de un original paquete de energía solar "Solar Power Pack" (Mother Earth News, "Littlest Utility" Junio/Julio, 2001).

Asímismo, Kinkaid, ha sido un conferencista oficial y presentador de tecnologías de energías limpias en diversos eventos alrededor del mundo incluyendo "APEC," Bangkok, Tailandia, 2003, "Energy Solutions

World," Tokio, Japón, 2003, la Conferencia Internacional de Biomasa (IBC), 2010, Minneapolis, MN, y la Conferencia de la Organización de Biomasa Algal (ABO), 2010, Phoenix, AZ.

Christopher (Toby) Kinkaid, ha aparecido en interviews y entrevistas en KOIN TV, KGW TV, y en "Sustainable Today" producido en Oregón, y ha servido en el comité de directores para la Asociación Nacional del Hidrógeno de USA, en Washington D.C., 1993, la Compañía Japonesa de Comunicación por Satélite (JCNET), Fukuoka, Japón, 1994-95, y en Algaedyne Corporation, Preston, MN, 2010-2013.

Kinkaid, actualmente sirve como CEO de Solardyne, LLC en Portland, Oregón, donde continúa su trabajo como especialista en aplicaciones, desarrollo e investigaciones de Tecnologías Solares, Eólicas y de Biomasa.

Introducción

Aprenda a publicar eBooks en 19 Pasos. Pocas revoluciones presentan tales oportunidades para los escritores y autores cómo la publicación digital. Desde el comienzo de la era digital, desde la "tela de araña de amplitud mundial", a través de "Búsqueda," "Medio Social" y hasta las "Apps," la publicación digital ha abierto enorme mercados para el consumo d la información. La habilidad de un autor para ser distribuido en un segmento de mercado global, y ser pagado directamente con royalties mensuales, es verdaderamente poderosa.

Publique, Distribuya, y Venda su eBook a escala mundial desde su ordenador o PC sin costo alguno.

Usando la plataforma Amazon, la información útil en todas las disciplinas, a través de eBooks, es solo una forma de busca-y-teclea desde media población mundial. El enorme segmento de mercado de Amazon, y las herramientas de que provee a los publicistas, ha permitido la mayor revolución en comunicaciones desde la Pluma: la Publicación Digital en un Tecleo.

La Publicación Digital es una revolución con una diferencia: es Vuestra revolución.

El enorme genio de la plataforma Amazon es la habilidad de los consumidores por obtener y descargar información interesante con un solo tecleo. Una vez que la gente se ha conectado a la red Amazon, y tiene su cuenta de información ya en sitio, la adquisición de información es rápida, fácil y comprehensiva.

Este Book está escrito para compartir con Usted, el próximo autor para Publicar en Amazon Kindle, las "herramientas" y la "secuencia" para aplicar esas herramientas para producir los eBooks con la mayor calidad posible.

A grandes rasgos, para publicar su eBook en Amazon, requerirá observar las siguientes Cinco Grandes Categorías:

Contenido
Formateo
Imagen de cubierta del eBook
Información de la Materia Frontal
Cargando a Amazon

Este Book analiza estas Cinco Grandes Categorías en 19 pasos específicos, de modo que usted pueda fácilmente hacer avanzar su proyecto desde la etapa de Concepto hasta la de Flujo de Caja. En cuanto haya escrito su guión de eBook, y formateado su eBook paso a paso, usted estará listo para hacer vivir mundialmente su eBook y hacerlo disponible para su adquisición globalmente.

Monetice sus eBooks royalties de publicación desde la plataforma Amazon. Publicando sobre el sistema Kindle, usted seleccionará sus tasas de royalties de

35% o 70% de los precios de venta, en dependencia de los precios de venta que usted haya seleccionado previamente para su eBook. Tenga sus royalties enviados por cheque, o por EFT con pagos mensuales, si usted alcanza el umbral de pago mensual de Amazon.

La publicación digital con Amazon es un modelo de negocio brillante, por la simple razón de que sus costos son extremadamente bajos (libres), y su alcance s global con la Plataforma Amazon ganando pagos de royalties directamente para Usted.

Éste es un Nuevo mundo, y la publicación de eBooks, una gran forma de alcanzar una audiencia mundial, y ganar grandes ingresos mientras usted lo hace.

Capítulo Uno – El Contenido de la Publicación - Panorama General

Publicar su eBook exitosamente, comienza con la calidad de su eBook. Después de la calidad de su contenido, los dos aspectos próximos más importantes son el Título y la selección de la Cubierta del eBook.

Aunque el título de este Capítulo está referido al "Contenido", el "Contexto" en el que Usted encuadra su "Contenido" determinará su importancia, y el impacto sobre el lector. Vuestro Título y Carátula del eBook serán el factor más irresistible para ser leído, ya que el Lector da una respuesta emocional ante el efecto que le provoca el eBook. Los lectores de Amazon estarán arrastrados hacia dentro o repelidos, basados en sus "primeras" impresiones.

Hojeando el libro los lectores deciden comprar el eBook basados, abrumados o impresionados por la forma en que tanto el Título como la Carátula han motivado su interés.

En cuanto comience a escribir su proyecto de eBook comience por el Título. Usted siempre podrá a cambiarlo, mejorarlo o actualizarlo luego, después de activarlo, pero este es el punto de inicio lógico. Usted puede mejorar su ubicación, en las búsquedas de Amazon con Títulos ricos en Palabras Claves.

Por Ejemplo, yo publiqué un eBook titulado "Bombeo Solar FV de Agua". Cuando comencé a escribir el eBook quería llamarlo "Bombee su agua con el Sol". Después de algunas consideraciones, determine que yo tenía las palabras "Bomba" y "Agua" en mi título inicial, y desde un punto de vista de búsqueda creativa en mi ordenador (PC) sólo tenía dos palabras claves "amigas" en mi título.

Pasé a "Bombeo Solar de agua", al final, pues esto describe el sujeto de mi libro, y cada una de las tres palabras de mi título era una Palabra Clave. Ya esto era una frase orgánica que alguien podría usar mientras realizaba una actualización de búsqueda en Amazon para un tema de Bombeo Solar FV de

Agua. Seleccionando las Palabras Clave, Usted puede "entrar" en la mente de su lector, y pensar tal y como ellos lo harían.

Mi nueva elección de Título gratamente incrementó mi "Densidad de Palabras Clave".

Nota: (Esto es útil para PC que buscan directamente los contenidos). Cuando un lector de Kindle busca en Amazon, con cualquier término relacionado con su Título, nosotros deseamos que lo encuentre a Usted. Y Usted desea que eBook vaya arriba "a lo alto de la página", o cerca de la cima de la lista de resultados en la búsqueda de Amazon. Es vital seleccionar el Título de su eBook cuidadosamente.

Los Títulos (y subtítulos) son tan importantes que el **Capítulo Tres** está dedicado a este aspecto.

Una vez que tenga algunos títulos previamente elaborados, únalos a un concepto de Carátula de eBook. Puede preguntarse " ¿por qué estamos comenzando por la Carátula del eBook? ¿no es esto poner la carreta delante de los caballos?" La razón de comenzar por el Título y carátula del eBook son la inspiración.

Nota: El **Capítulo Seis** es sobre las cubiertas o carátulas de los eBook, pero son tan importantes que pensar acerca de ellos tempranamente es perspicaz y agradable. Cuando yo escribo un eBook pongo una copia de mi Cubierta en mi escritorio mientras redacto. La encuentro inspiradora a través del proceso de redacción. Es excitante, y me aporta mi meta en ese proceso. Y mientras escribo, continúo rondando sobre el diseño de la Cubierta. Cuanto más crece mi Book, tanto más se desarrolla el diseño. Redactar es orgánico, Usted terminará, a menudo, lejos de donde comenzó, pero ¿no es acaso todo esto una gran jornada que valió la pena?

Búsqueda de Palabras Clave y Cubiertas de eBook en el Mercado Amazon.

Realice una búsqueda de eBooks sobre su material, o cerca, dentro de Amazon. Fíjese en las cubiertas de los eBook que pueden aparecer en su búsqueda.

¿Cuáles términos de búsqueda le llevan a los eBook más "exactos"? ¿Qué le ofertan sus ojos? ¿Qué lo empuja hacia adentro? ¿Qué lo hace pensar "quiero más"?

Redactar un eBook es una tarea ardua, y requiere sus mejores habilidades. La redacción es mejor cuando Usted "surfea" las olas de su pasión. Esa pasión incluye una gran energía y el sujeto de su contenido s el corazón de su potente deseo de publicar. Saque a flote su pasión.

Creando la cubierta de su eBook es realmente excitante mirarla, y siempre me da un empuje emocional. La redacción, la Compra y la Lectura de un eBook son una experiencia emocional. Introdúzcase en esta excitación y podrá disfrutar de su redacción siguiendo estos pasos desde la arrancada hasta el final.

Considere su Audiencia, y sus Pantallas.

Los escritores deben elaborar contenidos interesantes, y en un estilo que sea fácil de leer en dispositivos móviles. La redacción de eBooks, reflejados en pantallas de dispositivos Móviles tendrá diferencias marcadas con respecto a la impresión tradicional de frases. Las frases más cortas trabajan mejor en las pequeñas pantallas. Las pantallas de los dispositivos móviles son cerca de 1/3 del tamaño de los monitores de las computadoras.

La redacción de "contenidos" para eBooks es diferente a la redacción para libros impresos tradicionales. Los teléfonos inteligentes (Smart Phones), los Tablets, y otras plataformas de pequeña pantalla cambian la experiencia de la lectura.

Los párrafos largos no se leen muy bien en las pequeñas pantallas. Redactar en pequeños párrafos no sugiere truncar su contenido, o las licencias poéticas, pero es mejor considerar su plataforma, y maximice la Experiencia del Lector.

Los pasos específicos en la Publicación Digital de Kindle eBook listados en el ultimo Capítulo están escritos para darle a usted un mapa de recorrido desde el inicio hasta el final. Use estos pasos cuando usted comience su proceso de redacción, y

Usted irá desde el concepto de flujo de caja. Cuando esté listo para lanzar su eBook en la plataforma mundial Amazon, por favor, refiérase al **Capítulo Ocho** y cargue las carpetas de su libro

Redactando su eBook – el Panorama General.

Su eBook comenzará cómo un simple documento WORD. Use un tipo de letra sencillo y claro, y texto en 12 pt. Los lectores de Kindle pueden seleccionar su propia letra y tamaño cuando lean su eBook, entonces los números de páginas no existen, y son obsoletos para el lector de dispositivos móviles. No se preocupe de formatear desde el inicio. Usted formateará su documento muy cerca del final del proceso de redacción (esto le ahorrará un poco de tiempo al final).

Cuando Usted comience a escribir hágalo justamente con un documento Word simple usando un tipo y tamaño de letra sencillo. Kindle está diseñado para recibir documentos Word "simples" que puede convertir en formatos .mobi cuando ellos publiquen vuestro eBook en sus plataformas. Es decir que Usted debe formatear, de hecho, con un formato específico, pero hacerlo al final, puede ahorrarle un gran esfuerzo en la reedición.

El borrador de trabajo de su eBook debe ser un documento WORD con extensión .doc. Escriba su eBook Sin ningún formateo que no sea el de un fuerte "Return" de fin de un Párrafo y comenzar otro nuevo, para separar bien los párrafos dentro de cada Capítulo.

Este enfoque de "plano Jane" le ahorrará tiempo cuando llegue al final del documento.

Elementos para incluir en su eBook:

En el **Capítulo Dos**, abajo, todas las secciones o elementos que usted debe incluir. Los elementos están esbozados y descritos. Para generar un borrador de su eBook, siga estos fáciles pasos.

Estos pasos están diseñados en una secuencia que hace "construir" su libro fácilmente, y sigue un flujo lógico. Después que haya escrito su eBook, usted irá cosiendo su eBook juntando sus elementos con hipervínculos. Más sobre esto en el Capítulo Cuatro: Formateando.

Vista General de la Publicación Digital:

El largo proceso de "Escribe y Revisa" en la publicación digital son escribir el Contenido, Formatear el Contenido, escribir la "Materia de la Portada," producir la imagen de la Cubierta de su eBook, y su registro en las publicaciones de Amazon.

Una vez que se haya registrado, se entroncará con su página "Bookshelf" o "Estante de Libros." Esta página es la plataforma de lanzamiento desde la cual usted entra su información de "Materia de la

Portada" de su eBook, y comienza a construir su eBook.

Para comenzar el proceso de publicación de eBook, seleccione NEW TITLE (NUEVO TÍTULO), en su página Bookshelf de Amazon.

La Materia de la Portada se refiere a toda la información soporte acerca de su eBook. El Título, los Subtítulos, el Autor, otras contribuciones listadas, declaración de su copyright a su material, descripciones, palabras clave, categorías que deben unir fuertemente su sujeto, están todas incluidas en la información de la "Materia de la Portada".

Usted necesitará preparar tres partes básicas de su eBook. La información de la "material de la Portada", antes descrita. El eBook propiamente dicho, formateado adecuadamente, y su carpeta de Imagen de la Cubierta del eBook.

Cargue sus carpetas de Contenido (.doc) files, y la carpeta de la imagen de Cubierta de eBook (.JPEG) bajo su Nuevo Título. Una vez cargado todo esto dentro de la plataforma Kindle Amazon, Usted seleccionará la cantidad de dólares (u otra moneda corriente) que usted desea cargar para cada copia, para cada territorio, o de escala mundial, y teclee SAVE and SUBMIT (GUARDAR O SALVAR Y ENVIAR).

En cuanto haya enviado sus carpetas, usted estará "vivo" a escala mundial en las próximas 12 a 48 horas.

Desde su computadora, ordenador o PC, usted tiene la habilidad de publicar a escala mundial con las publicaciones Amazon.

No hay cargo en Amazon para vender eBooks en su red. Para los autores y publicistas, la plataforma de publicación de Amazon es una revolución muy potente. Cualquiera, desde cualquier lugar, puede alcanzar y tocar el mundo.

En el siguiente capítulo, iremos Paso a Paso a través de los "Elementos" por separado que usted va a usar en la "construcción" de su eBook sobre Kindle.

Capítulo Dos - Elementos a Incluir en su eBook

Cuando usted ha terminado la escritura final del borrador de su eBook, el "contenido" de su eBook será formateado para su descarga digital.

Como tal, su mejor enfoque es tener una rica Selección de Elementos incluidas en su formato de eBook, y tener ventaja de las características específicas de los eBooks. Diferentes secciones, o elementos, dan a su lector varias vías para mirar en su libro, navegar en su eBook, encontrar información acerca de su eBook, y proveer un rico ambiente para disfrutar de su eBook.

Los lectores que compran eBooks están buscando el uso fácil, la profundidad de los contenidos y el disfrute en su experiencia de eBooks. La navegación a través de eBooks es una característica de gran valor para los lectores. Cada una de sus secciones estará directamente disponible para sus lectores por el simple "tecleo" sobre hipervínculos que usted colocará en su Índice, y en sitios especiales de su texto.

Adecuadamente formateado las funcione del eBook son vitales para tener un eBook exitoso. El **Capítulo 4** (Formateando) cubrirá las características esenciales de proceso de formateado que se esperan en los eBooks modernos.

En un eBook, el "Índice" es dinámico. Los Títulos de los Capítulos son "tecleables" llevándole directamente al inicio del Capítulo en el cuerpo del texto, o a otra sección, de acuerdo a como el lector lo seleccione.

Los elementos a incluir en su eBook, en este caso, están referidos a "paquetes" de información específico que ayuda al lector a navegar en su eBook. Las diferentes secciones, listadas abajo, son designadas como "grupos" de información Acerca de su eBook, dándole al lector muchas opciones.

Cada elemento mayor tendrá su propia página dedicada a él, o páginas, y colocadas en su Índice.

En la sección de formateado, Capítulo 4, iremos a través de los hipervínculos, estante de libros, y otros requerimientos de formateado. Los hipervínculos le aportan a su lector vínculos de conexión instantáneos a otras partes relevantes de su libro, o directamente a sitios web. Las secciones en su eBook le dan a su lector "mayor revisión de rasgos" acerca de cómo está organizada la información en su contenido.

Redactando su eBook con estos elementos, le aporta a su lector una visión más complete del autor, Contenido del eBook, y sirve para mejorar la experiencia del lector.

Paso 1: Redactando su "Índice"

Escribiendo, o Leyendo un eBook, todo comienza por el Índice, Si Usted está justamente comenzando a escribir su eBook, comience por el Índice. Escribir primero el Índice, le da una hoja de ruta a su propio eBook, y le ayuda a organizar sus capítulos.

En cuanto comience a escribir su Índice, Esto lo obliga A Usted a pensar en su eBook en amplias pinceladas, y cómo un proceso. Listando los Títulos de los Capítulos, o los títulos propuestos, le aporta una estructura básica para la progresión de su eBook. En cuanto inicie la redacción de su eBook usted puede seguir su Índice y trabajar en una Sección, o Capítulo a su tiempo.

¿Cómo se come un elefante? Un pedacito a cada vez. Lo mismo es también cierto para escribir un libro. Es fácil sentirse abrumado al observar la "montaña a escalar" que representa escribir un eBook. Sin embargo, si Usted escribe primero su Índice, usted puede enfocarse en un pedacito facilitando la carga de todo el proyecto.

El Índice es una "Gran Estación Central" de su eBook. Ese Índice le da a sus lectores el acceso a cualquier parte de su eBook tecleando sobre sus hipervínculos.

Paso 2: El "prefacio"

El "Prefacio" le aporta al lector de su eBook una visión de los tópicos de su eBook, y qué ellos pueden esperar al comprar su libro. Escriba su prefacio en un estilo positive, y en caracteres informativos, con la intención de producir alguna seducción.

El "prefacio" que escriba debe ofrecer alguna excitación y tentación al lector. Descrina lo que el lector va a descubrir, y gane en lectura d su eBook. El "prefacio" puede además trabajar cómo una introducción a la introducción (otra sección). En el prefacio se da el más largo "contexto" o "perspectiva" de su eBook. El "prefacio" debe ser el gancho que lleva a su lector a querer más. Escriba su "prefacio" como si usted fuese el lector que desea romancear.

Paso 3: "Acera del Libro"

La sección "Acerca del Libro" es importante, y debe ser escrita para dar una visión "mecánica" acerca del eBook. Incluye descripción de Capítulos, y la perspicacia para que sea obtenido por el lector en cada capítulo. Esta sección "Acerca del Libro" es un manual de usuario para navegar por su eBook, y dando al lector una "vista rápida" de su libro.

Paso 4: Escribiendo su sección "Sobre el Autor"

Esta sección "Acerca del Autor" es vital para construir su sello. Los lectores quieren conocer quién es el que escribe el eBook, y, probablemente lo tercero más importante en su decisión de comprar, además del Título y de la Portada. Usted está Escribiendo un eBook porque tiene algo que decir. Usted tiene algo que añadir a la literatura, y por tanto, debe ser publicado. La sección "Sobre el Autor" debe Incluir las "grandes luces" de su Carrera, o su conocimiento general, que lo cualifique cómo un escritor.

La credibilidad viene de su experiencia. Su sección "Sobre el Autor" puede incluir su foto (asegúrese de que su imagen es justamente suya, de frente y de calidad profesional). Incluya cualquier sitio web o URLs donde pueda estar referido el sujeto de su eBook. Si Usted ha sido publicado en otros sitios web inclúyalos cómo parte de su experiencia.

Paso 5: Escribiendo su "Introducción"

La "introducción" de su eBook es muy importante para dar el tono y el alcance al lector. Ficticia o no, la "introducción" aporta el estado, para su producción digital y establece el "contexto" para dar la perspectiva a su contenido.

Su sección de "introducción" debe construirse sobre su "Prefacio" y explorar las largas salidas trayendo el foco dentro, o "debajo", desde su sujeto hasta su tópico. Incluye la longitud del "contexto" de su tópico y trae al lector a lo específico. Si Usted está escribiendo una Ficción, entonces su introducción fija la escena, y trae al lector dentro de su historia desde el exterior. Si Usted está redactando una escritura que no es ficción, la introducción encuadra el tópico de su eBook, y menciona los aspectos excitantes o deslumbrantes para un sujeto normal y potencialmente oscuro o poco conocido.

Paso 6: Redactando sus "Capítulos"

Organice su eBook en Capítulos separados para el cuerpo de su texto, y las imagines si las incluye, tomando a sus lectores en una visita. El número de Capítulos es variable, dependiendo del contenido de su eBook. Los Capítulos son de acceso fácil por parte del lector, desde el Índice, mediante hipervínculos. Dar nombre a sus Capítulos es relevante, debiendo tener en mente los pequeños formatos de pantalla de los dispositivos portables. Aunque los usuarios de Kindle pueden ajustar el Tamaño del texto que se muestra en pantalla a los lectores de Kindle, los Títulos de los Capítulos en su Índice son generalmente mejor sostenidos cuando son cortos y bien ajustados.

Manteniendo más cortos en el Índice sus Títulos de Capítulos, pero más largos en los Títulos de Capítulos cómo se muestran en el cuerpo de su texto le aporta a su eBook una vista limpia. Esto mantiene a su "Índice" inconfundible, aún mantiene sus títulos reales en el cuerpo de su eBook más explicativos y más fieles a su intención original. Cuando usted alcance los pasos de Formateado, formatee de sus Títulos de Capítulos y Subtítulos cómo Encabezamiento 1 en su borrador de estilos WORD.

Los Capítulos deben estar separados por Espacios de Páginas, insertados en el documento WORD.doc. Esto será más explicado en el Capítulo Cuatro - Formateado.

Paso 7: Redactando su "Epílogo"

Los lectores siempre tienen una experiencia emocional e intelectual con un eBook. La excitación o la frustración pueden trocarse a través de la experiencia de la lectura. Un "epílogo" es una buena técnica para "atraer a su lector", y dibujarle a grandes rasgos. El "epílogo" pone un periodo al final de la oración, para hablarle y envolverlo y dejarlo absorto con el significado de su conclusión, y revisitar lo que el lector ha experimentado.

Capítulo Tres: Escribiendo el Título del eBook

Los dos aspectos más importantes de su eBook, después de la Calidad de su Contenido, son su Título y su Portada.

Esbozar su título requiere pasar varias etapas. Comienza con el Título en su corazón, la frase corta, o el nombre, que va al significado, a la esencia de su eBook. Ésta es su versión romántica del Título.

En la publicación digital, los títulos para eBooks tienen dos partes: el Título y el Subtítulo.

La publicación digital es diferente de la publicación impresa. Piense sobre su eBook en dos vías: desde una perspectiva "humana y dese una perspectiva "computacional." La primera vía para pensar en su libro es la perspectiva o punto de vista humano.

La vía "humana" de pensar en su libro es a través de la experiencia emocional e intelectual de su lector. La experiencia del lector incluye cómo su título y cubierta inspira una decisión de compra cómo el lector busca tópicos interesantes de eBooks, y su excitación esperando leer su eBook.

La segunda vía en la que debe pensar sobre su eBook es en términos de cómo las computadoras "piensan".

La publicación digital se efectúa sobre una plataforma digital. Como tales, las computadoras están integradas a la forma en que opera la publicación digital.

Desde una perspectiva de computadora el mundo no se ve en láminas grises, sólo se ve en blanco y negro. Muchos programas de computadoras definen las preguntas y respuestas, una computadora "considera" en cualquier acción.

Desde la perspectiva de un programa de computación, ¿cómo luce su título?

¿Existe alguna palabra en su título que permita realizar una "búsqueda" para encontrar su eBook? ¿Hay alguna palabra en su título que un "humano" pueda usarlo buscando su tópico? Las máquinas de búsqueda computacional, incluyendo Amazon, pueden únicamente dirigir a la población hacia los contenidos que tiene "registrados" en los programas de computación. Los libros digitales eBooks estarán listados en plataformas basadas en "computadoras." Como su lector le encuentre depende, específicamente, de cómo usted describe el contenido de su eBook en el Título y Subtítulo.

No use consignas de Mercado en sus títulos. Como regla, no lance su libro en su Título, tales como "Mejor Vendedor," o "Número 1." Deje que los comentarios vengan, pero los títulos no son sitio para el mercadeo, sino el lugar para la Descripción. Nota: Los Subtítulos, sin embargo, son el sitio para el marketing.

En nuestras dos vías de pensar, el Título "humano" debe ser emocional, e intelectualmente "descriptivo" de su contenido. Deje que la masa de su eBook sea el foco de su Título.

Desde la perspectiva de "computadora" usted desea que su Título este compuesto por palabras de "búsqueda".

Evite palabras innecesarias, o palabras que no maximicen el Entendimiento del Lector, y la habilidad de las computadoras para "reconocer" su contenido. En el espíritu de la escritura del eBook, mantenga su título Potente y Rico en palabras descriptivas. Usted desea palabras que puenteen entre la experiencia "humana" y la de "computadora" y que aporten efecto útil en ambos mundos.

Paso 8: Escribiendo su Título y Subtítulo

Escriba Títulos y Subtítulos exitosos, trabaje mejor con alguna búsqueda.

Pretenda ser un lector, y entrónquese con Amazon para hojear los eBook de Kindle disponibles. Sienta el contenido disponible, y aprecie, no emule lo que ve, sino determine su propia identidad cuando usted viva en Amazon. Chequee el alcance de los eBooks relacionados. Mire los títulos, gráficas de Portadas y Cubiertas, y la Descripción de Libros.

Buscando libros en Amazon, notifíquese de los eBooks que alcanzan la cima de la lista. ¿Aparece su palabra de búsqueda en los títulos de esos eBooks que aparecen en la parte superior?

Los títulos son generalmente breves. Sin embargo escriba su Subtítulo rico en "Palabras Clave" que sean "buscables". En general su Título es Corto, y su Subtítulo es más largo, rico en 2palabras Clave". Rebuscando, es bueno conocer "palabras clave" que la gente use para sus tópicos. Usted puede "testar" sus Palabras Clave en una variedad de formas, pero la mejor es realizar una búsqueda "orgánica".

La búsqueda Orgánica es cuando usted hace una lista de "palabras clave," y busca esas palabras en la plataforma de eBooks de Kindle Amazon. ¿Le han traído buenos resultados sus palabras clave? Como autor de su eBook, familiarícese con el alcance de la literatura disponible. Buscando en Amazon como un Lector Kindle será gratamente logrado su premio de Mercado, así cómo ayudarle en el establecimiento de su precio.

En el ejemplo arriba expuesto yo mencioné uno de mis eBooks "Bombeo Solar FV de Agua." ¿Cómo decidí sobre la densidad de palabras Clave con esta elección de título?

Mi Subtítulo para "Bombeo Solar FV de Agua" es "Cómo hacer Sistemas de Bombeo de agua con Energía Solar para Pozos, Arroyos, estanques, Lagos y Corrientes ?

MI Subtítulo es rico en adición, y diferente, las Palabras Clave que dan los motores de búsqueda de "computadora" dan algo para grabar. Y o tengo "Como hacer" como un elemento de búsqueda popular. En adición a mi s Palabras Clave del Título, tengo Potencia, Sistema, Pozo, Arroyo, Estanque y Corriente. Todas esas palabras son términos de búsquedas "posibles y deseadas" que un potencial

Lector puede usar para encontrar un eBook con mi sujeto.

Seleccione su Título, y Subtítulo con gran cuidado, investigue, y la consideración para una respuesta exitosa en ambos, la percepción "humana" y la clasificación de "computadora," estarán presentes en su eBook.

Capítulo Cuatro – Formateando su Texto eBook para Publicación Kindle

El Formateado de su eBook es un trabajo muy importante. Quizás el aspecto más alegre al escribir un eBook sea el paso de formatear. Ahora ya usted tiene redactado el Borrador Final, y lleva tiempo formatear su eBook para el mercado mundial. El formateado Apropiado es vital para una experiencia de publicación digital exitosa.

Lo "alegre" de formatear su eBook es ir viendo su eBook como va entrando desde una forma funcional, hasta que se viene a la vida. Redactando el primer "cuerpo" de borrador de su eBook se logra un texto plano. En los pasos de formateado que siguen, Usted lleva su borrador de texto plano "vainilla" al mundo vivo, con hipervínculos y un Índice completamente funcional.

Los hipervínculos le permitirán al lector de su eBook saltar alrededor de su eBook según usted "conecte" las Diferentes partes de su eBook. Los "Destinos" de sus hipervínculos son los denominados "Estantes e Libros."

Es mejor hacer su formateado después de haber redactado el cuerpo de su texto. Escriba su libro primero y guarde los pasos de formateado para lo último. La razón de formatear su eBook cerca del final es logística.

La redacción es un proceso orgánico, y usted re-editará su texto. Si usted realiza su formateado demasiado temprano, los dólares van a los donuts, por el tiempo en que usted llega al final de su Borrador, usted se está quitando los pelos tratando de "limpiar" todo su formateado previo. Créame, déjelo para el final.

Las carpetas del Documento (su borrador de eBook) son "cargadas" en la red de Publicación Digital Kindle en diversos formatos preferidos. Esos formatos preferidos incluyen carpetas de documentos PDF, HTML, HML, WORD. El formato preferido para usar es el de las carpetas de documentos WORD.

Para una experiencia de Carga suave escriba su eBook usando MS WORD ya sea con carpetas o files .doc, o, con extensiones .Xdoc (cuando salve u guarde el documento). Si está usando un Mac, entonces guarde su documento bajo SAVE AS, Nombre, and seleccione el formato de carpeta WORD.doc.

Paso 9: Documentos WORD

Kindle está diseñado para hacer publicación es tan fácil como sea posible. Al escribir su eBook comience con su carpeta de documento WORD.doc. Al comenzar a escribir su eBook, arranque con un plano WORD.doc en su procesador MS WORD, y Nombre su carpeta. El formateado requerido por Kindle es relativamente simple, pero debe ser preciso.

Nota: No use sus funciones Encabezamiento y Pie de Página. Deje esos espacios en blanco, y asegúrese de que están en la misma fuente y formato que el cuerpo de su texto.

Para chequear, justamente teclee sobre el Encabezamiento o golpee en su documento, y la fuente saldrá en pantalla. Usted desea que su documento completo este en una sola fuente. Mi fuente personal preferida es Myriad Pro @12 puntos.

Paso 10: Insertando Saltos de Página

El formato Kindle es muy específico para los Saltos de Página. Éstos dictan cómo van separados los capítulos en vuestro documento.

Usando su tecla función de "Inserte Salto de Página", usted inserta el Salto de Página al final de cada Capítulo. Esto le asegura que no hay espacios extra, o extraños "Hard Returns" entre dos capítulos concatenados, dentro de su documento.

Insertando el Salto de Página cómo se ha descrito, comience su próximo Capítulo en la parte superior de su página Siguiente. Cuando los lectores tecleen sobre un Título de capítulo en su Índice, estarán hipervinculados directamente a la Parte superior de la primera página de ese capítulo, justamente donde éste comienza.

Nota: Para comprobar si usted lo ha realizado correctamente, cuando usted vea un espacio en blanco en su documento (entre capítulos), teclee en cualquier sitio de ese espacio en blanco, lo cual debe llevar su cursor al final del capítulo.

Si esto no ocurre, y su cursor aparece en el espacio en blanco, entonces debe teclear de Nuevo el "Hard Returns" entre los capítulos.

Toque su tecla de deshacer (delete key) borrando el Hard Returns hasta que usted llegue al final del Capítulo precedente. Esto hace fluir su documento, y hace más fácil que Kindle cargue su eBook sin salidas, haciendo su carga una experiencia sin problemas.

Paso 11: Insertando Encabezamientos 1 y Encabezamientos 2

Para los Títulos de Capítulos y otras palabras mayúsculas que usted desee resaltar en el texto, no use la función de tamaño normal tal cómo para cambiar el tamaño de los caracteres de 12 a 18 puntos. En lugar de esto, ilumine sus títulos, y seleccione Encabezamiento 1 (Header 1), o Encabezamiento 2 (Header 2) desde su función de Estilos.

Use los estilos Encabezamiento 1 (Header 1), o Encabezamiento 2 (Header 2) en su "Cajón de Vista de Estilos" ("View Styles Drawer") para resaltar sus Títulos de Capítulos, y cualquier Subencabezamiento en vuestro Texto. El Encabezamiento 1 (Header 1) es para los Títulos de Capítulos, y el Encabezamiento 2 (Header 2) es para cualquier Subencabezamiento en el cuerpo de su capítulo.

Kindle reconoce estos "Estilos" y le ofrece una forma para estandarizar los títulos en su documento de manera que sea redactable por Kindle.

Kindle soporta caracteres básicos, y las palabras pueden ser formateadas como Bold, Italic, y hacer sangrías, de manera que usted tiene alguna flexibilidad en sus caracteres y formatos de palabras.

Paso 12: Hipervínculos y Señales - construyendo su Índice

Una gran diferencia entre los libros Impresos y los eBook es el hipervínculo. Los eBooks son dinámicos, es decir que usted puede adicionar vínculos en su texto, que operen como "botones" llevando al lectora otra parte de su libro a algún sitio web fuera de su libro.

Como usted construye su Índice, añadirá hipervínculos desde cada Título de Capítulo hacia la ubicación del capítulo en su eBook (denominado Señales o Bookmark).

Las Señales en su documento le dicen a la computadora los destinos en su texto que usted quiere vincular a tales títulos de Capítulo. Hacer su lista de Señales requiere primero rodar hacia abajo su documento. Destaque cualquier cosa que desee Señalar en su texto, tal como Título de Capítulo, Subtítulo, o Epígrafe o Párrafo destacable. (Nota: Usted solo puede añadir una señal cada vez).

En WORD, abra su "Inspector" bajo VISTA (VIEW) en su barra de formateado.

Resalte el Título de Capítulo que usted desea marcar como Señal. Luego vaya a "Insertar" en su barra de formateado y seleccione "Inserte-Hipervínculo".

Cuando usted haya seleccionado "Hipervínculo" para el texto seleccionado, su ventana "inspector" le dará una tabla de selección. Seleccione Señal y teclee el signo "+" en el fondo. El Título de Capítulo que usted ha iluminado está ahora introducido en su lista de Señales (se mostrará en la lista). Ruede hacia abajo su documento y resalte, inserte-hipervínculo, teclee Marca de libro, teclee "+" y mantenga adicionando, y construya su lista de Señales.

Una vez que todos sus Títulos de Capítulos individuales están introducidos en su lista del Estante de Libros, es tiempo de construir su Índice.

Vaya a la Página de Índice. Teclee una lista de los Títulos de capítulos separados por un "Hard Returns" en su página de Índice.

Resalte un Título de Capítulo, y seleccione "Insertar - Hipervínculo" desde su función "Insertar" o su barra de formatos. En su "Ventana de Inspección", seleccione "Señal" bajo el "Vínculo a": apunte.

Cuando haya seleccionado su Señal, su lista de Señales previamente escogida aparecerá (puede ser un menú que sale hacia abajo con "ninguno" en la tabla de la ventana, hasta que usted teclee).

Seleccione el Título de Capítulo adecuado que usted ve en la lista.

Su hipervínculo está ahora hecho. Así de fácil. Cuando usted, o su lector, seleccione el Título de Capítulo en su Índice, se hipervincula directamente al inicio del capítulo seleccionado en su eBook.

Si usted desea que su hipervínculo vaya a un sitio o página web, fuera de su eBook en la web, entonces en el último paso seleccione "Hipervínculo". Su ventana de inspección cambiará y usted verá un punto para entrar la URL formal del sitio web de destino. Nota: Asegúrese de introducir el sitio web formalmente con http:// al inicio.

Paso 13: GUARDANDO y NOMBRANDO su carpeta WORD.doc

Ahora usted ha redactado su borrador y adicionado su formateado de documento, ya es tiempo de Guardar. Asegúrese de GUARDAR COMO, y nombre su documento en una carpeta WORD.doc. El siguiente paso es adicionar las Imágenes a su eBook. Para este objeto vamos al siguiente Capítulo: Importando y formateando Imágenes.

Capítulo Cinco: Formateando Imágenes

Los gráficos son elementos dinámicos dentro la publicación digital. Las imágenes son opcionales en los eBooks, que no sean la cubierta. Puede usarlas o no. La publicación en Kindle soporta varios Formatos de Imágenes, sin embargo, para mejores resultados, Siempre Guarde Imágenes en formato .JPEG.

Existen límites para el arreglo de imagines y textos en una página de la plataforma Kindle. Las Imágenes pueden estar ubicadas (centradas) arriba o debajo del texto. E inversamente el texto puede estar arriba o debajo de las imágenes.

Envolver el texto alrededor de imagines no es soportable, y resultará más probable en errores de formateado, haciendo que sus se reflejen en la pantalla de una forma que usted no podrá intentarlo. Y asegúrese de "Centrar" sus imagines en su documento.

Las Imágenes son un caso especial en la publicación digital, y requieren un formateado específico para cargarlas suavemente, poder exhibirlas en cuanto usted lo intente en su dispositivo móvil.

Paso 14: Importando Imágenes

Formatear imagines apropiadamente en su documento WORD.doc, si decide incluir imágenes, es vital para la publicación digital. Justamente al "pensar" usted cómo lo haría una computadora con su contenido de Título, el procesamiento de imágenes es vitalmente importante en términos de formato y tamaño.

Cualquier página simple de Kindle 600 pixeles de ancho y 800 pixeles de largo. Asegúrese de que su imagen no excede de estas dimensiones, o el resultado no será leíble para un lector de Kindle. Las imágenes que usted intenta incluir en su eBook necesitan ser "Insertadas" dentro de los documentos usando la función "Insertar" de WORD.

Para los publicistas Mac, la función "Insertar – Seleccionar" es el comando adecuado para importar una imagen. Si usa una versión antigua el comando es "Insertar – Imagen". El procedimiento adecuado es usar la función Insertar en MS WORD. El comando Insertar Imagen (o Insertar - Seleccionar – Nombrar Carpeta) – le permitirá a usted seleccionar una imagen a importar en su documento WORD.doc.

Nota: No use el comando Corte y Pegue (Cut-N-Paste) para importar imagines a su proyecto o borrador de eBook. Es importante evitar errores de formateado cuando usted incluye imagines en su eBook. Este comando Corte y Pegue no está soportado, y resulta en errores de formateado. Use la función "Insertar" en Word para traer imágenes dentro de su documento eBook. Use the "Insert" function in Word to bring images into your eBook document.

Varios formatos de imágenes están soportados en Kindle, pero se le recomienda encarecidamente que seleccione el formato .JPEG. Este formato trabaja mejor y le dará una excelente vista en el Kindle, y en los dispositivos móviles que soporta Kindle.

Paso 15: Guardando sus Imágenes como Carpetas Comprimidas

El tamaño digital de su materia eBook.

Amazon cargará unos derechos de entrega digital pequeños cuando su eBook sea cargado y descargado. Por consiguiente, usted desea que sus imagines, y también sus carpetas de documentos, sean lo más pequeños posibles en el GUARDAR COMO final de la carpeta de su eBook.

Use la función de compresión de imágenes que usted encuentre en la barra de Formatos de Imágenes de Word.

Capítulo Seis – Creando la Cubierta de su eBook

Urban Wind
Vertical Axis Wind Turbines

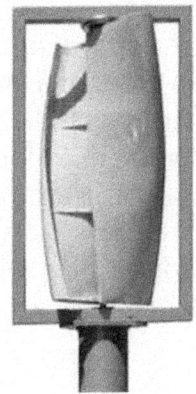

Wind Power in the City
Christopher Kinkaid

Después de su Contenido, Título y Subtítulos, la Cubierta de su eBook es el aspecto más importante de su eBook digital. Las cubiertas gráficas son excitantes y desafiantes. Algunas gentes responden a imágenes subtituladas. Y otras reaccionan a gráficos cargados. En realidad, la cubierta de su eBook debe ría ser una síntesis de lo que usted desea ver, y de las herramientas y recursos disponibles que usted puede pulsar.

Paso 16: Creando la Cubierta de su eBook

Produciendo su Cubierta de eBook es un paso importante.

Esencialmente, usted tiene tres oportunidades en enfocar la producción de la cubierta de su eBook:

Primero, puede hacerla por sí mismo, y aprender la técnica para usar un programa gráfico como Photoshop. Illustrator, o algún otro que puede guardar carpetas como JPEG. Produciendo su cubierta de su eBook usted mismo, es un gran modo de tener un "control creativo" absoluto. Y, produciendo sus propias imágenes para su cubierta de eBook, tendrá el menor costo para el autor o publicista.

Crear su propia cubierta de eBook es realmente entretenido. Usted verá cómo sus propios conceptos toman forma gráfica, y en cuanto vea su Cubierta tomando pantalla, estará deleitado. ¡Es realmente de lo más entretenido estar viendo su primera venta!

Otra forma, y la más fácil para producir una gran vista de su eBook, es usar alguna de las herramientas que Amazon tiene para publicar.

Amazon tiene un generador de cubiertas para eBooks, en su página de Estante de Libros. Use este programa cómo si usted estuviese escribiendo su eBook para jugar con diferentes cubiertas de eBooks. Después que introduzca su Título, Subtítulo y autor de eBook en su página de Estante de Libros, teclee el mago generador de eBook, y juegue alrededor con diferentes diseños y disposiciones.

El generador de cubiertas de eBooks Amazon mantendrá su Título, Subtítulos y Autor de su eBook que usted ha introducido previamente bajo su NUEVO TÍTULO, y le ofrecerá una variedad, hasta un límite, una galería de imágenes que usted puede utilizar a todo lo ancho del mundo y libre de licencias. Trabaje con este generador de cubiertas de eBooks para jugar con diversas ideas y disposiciones.

Nota: Guárdelo cómo Borrador hasta que usted haya decidido cuál será su definitivo diseño de Cubierta de eBook.

Segundo, usted puede "tomar de una fuente externa" su cubierta de eBook, y tener algo que lo haga. Existen servicios y salidas de servicios, tales como **fiverr.com** que ofrecen servicios de diseño de cubiertas de eBooks que resultan muy costo-efectivos, y que usted puede pagar a precios razonables. Lo más importante es que tenga su Derecho de Autor Mundial Propio sobre sus Imágenes y Diseños.

Su Tercera opción es un híbrido de las dos primeras. La mejor forma es tomar el tiempo para diseñar su propia cubierta de eBook, y usar los recursos, tales como los que se han descrito antes, para traer su propia cubierta de libro a la vida, y guardarla como una carpeta .JPEG. Usted desea que su cubierta de eBook sea intrigante, vibrante, captadora de vistas, y más que todo, excitante para el Lector.

Comprando imágenes HD desde fuentes externas como **fotolia.com** es un gran recurso para obtener gráficos vibrantes que puede usar en su cubierta de eBook. Cuando registre en fotolia puede descargar imágenes con Licencias Libre de Royalty, típicamente de un pequeño honorario. Después de que descargue sus imagines, usted puede importarlas dentro de su programa de Gráficos y comenzar a editar y añadir su información de Título, Subtítulos y Autor.

Para ideas de imagines de Cubiertas de eBooks, busque fotolia, con sus 27 millones de gráficos HD plus. Este tipo de base de datos de gráficos le aportará muchas posibilidades útiles y dinámicas para su diseño de cubierta de eBook, y fluirán fácilmente las ideas.

Capítulo Siete: La importancia de un Editor

El mejor consejo que puedo ofrecerle a un autor, antes de publicar, es buscar un editor. Éste no es justamente alguien que pueda ser un "experto" en el campo sobre el cual usted está escribiendo, sino más bien un ejemplo de su lector típico.

Escribir es complejo en diferentes niveles. Tener más ojos en su escritura es invaluable. Usted no está observando una reescritura con un editor. Usted está observando notas de producción. ¿Cómo se lee su eBook? ¿Es fácil de Navegar su eBook?

Usted está observando para su "retroalimentación" todos y cada uno de los aspectos de la experiencia del lector, las frases, los espacios, la estructura de las oraciones. Un software de comprobación de escritura puede identificar mucha escritura, pero el fraseo, el contenido de las oraciones y la cadencia son vitales para mejores resultados, y las personas son las mejores para "amasar" a un editor.

Paso 17: Lea su libro cómo un Lector

En cuanto haya escrito su eBook usted tendrá ediciones, revisiones, reescrituras y adiciones. En cuanto lo haya escrito, usted llegará a un punto en el que le parecerá que haya llegado al final de su escritura: su primer Borrador.

Usualmente, un escritor está tan absorto en el eBook que está Escribiendo que le resulta fácil perder alguna perspectiva. Al tiempo en que alcanza el final de su libro, y en cuanto comience su Arrancada Final para leerlo, tómese un día fuera de su eBook, y luego regrese a él y lea su eBook desde una perspectiva que sea su perspectiva de Lector. Le garantizo que con un día fuera, usted encontrará muchos más desvíos en su manuscrito.

¿Es su eBook fácil de leer? ¿Disfruta con su lectura? Estos aspectos sutiles se revelarán a sí mismos en cuanto usted re-lea su eBook. Esto requiere varias lecturas finales, pero repasando su eBook de principio a fin cómo un lector es un gran modo para asentarlo finamente en su forma final.

Capítulo Ocho: Cargando su Documento y Haciéndolo Vivo

Cargar su eBook es el momento de la verdad.

Usted ha escrito Capítulos del eBook. Usted ha escrito sus Elementos, incluyendo "Sobre el Autor." Usted ha formateado finalmente su documento WORD, e insertado algunas imágenes que ha deseado incluir.

Usted ha construido su Índice, e insertado todos los hipervínculos, dirigiéndose a sitios web fuera del eBook o a sus "Señales" en cualquier parte del documento.

Usted ha entregado a alguien su documento para una lectura de retroalimentación.

Un editor reconocido es preferible, pero todos os lectores aportan retroalimentaciones valorables.

Y usted ha dado GUARDAR COMO en un formato de Carpeta Comprimida. Su eBook está casi listo para lanzarlo al mundo.

Usted ha chequeado y rechequeado que todos los "extraños" Hard-Returns y espacios de la barra de espaciamiento han sido eliminados de su documento.

Usted quiere su documento WORD limpio y sin partes extrañas.

El texto en su documento ha sido construido con Hard Returns, Encabezamientos 1 o 2 para los títulos.

Todos los saltos de páginas insertados al final de cada Capítulo para separarlos. Todas las Señales e Hipervínculos instalados y probados, tales como los de su Índice.

Todas las imágenes han sido guardadas en formato .JPEG, y las carpetas Comprimidas a un tamaño menor. Una "Copia Limpia" de su documento WORD.doc se cargará muy fácilmente.

Ahora ya usted está listo para Hacerlo Vivir en la plataforma Amazon en el siguiente paso. Le faltan solo 10 pasos para el Lanzamiento.

Paso 18/19: Activando su Cuenta de Publicación con Kindle, y Cargando su eBook

Para vivir en la red de redes con su eBook en Kindle, use los siguientes pasos:

Paso Uno: Confirme que el Contenido de su eBook está guardado en forma de documento WORD.doc, y que su imagen de Cubierta está guardada en un documento separado de formato .JPEG file. Aplique GUARDAR COMO en su escritorio o carpeta, cómo se describe arriba.

Paso Dos: Active su Cuenta en Amazon.com

Paso Tres: r a su Página de señales de Amazon y teclee Nuevo Título.

Paso Cuatro: Una vez seleccionado el Nuevo Título en su Estante de Libros, entre la información de su Asunto Principal de la Portada, incluyendo Título, Subtítulo, Autor, y cualquier otra contribución puntual. Entre en 7 Palabras Clave, y seleccione hasta 2 categorías ofrecidas por la selección disponible, e introduzca una descripción de su eBook. La página de descripción saldrá en pantalla en la página de ventas de Amazon.

Paso Cinco: Crear una Cubierta de eBook con el Mago Amazon 8Usted verá lo pronto), o Cargue su carpeta .JPEG de Cubierta de eBook.

Paso Seis: Seleccione Guarde como Borrador.

Paso Siete: Cargar su Documento eBook. Seleccione Cargar eBook y teclee en su nombre de carpeta .doc en el punto. Teclee "cargar" y usted está encaminado.

Paso Ocho: Después de Cargar su carpeta eBook .doc, y su carpeta .JPEG de imagen de Cubierta de eBook con su información de "Asunto Principal de Portada," seleccione entonces el precio de su eBook. Dar precio es un aspecto muy importante para el lado Comercial de su eBook, por lo que le estoy dedicando un capítulo a este tópico. Por favor vea el Capítulo Nueve: Monetización. Una vez que haya seleccionado los precios de venta para su eBook en varios países, usted está listo para el Gran Momento. El momento en que va a vivir a lo ancho de todo el mundo.

Paso Nueve: Teclee GUARDAR y ENVIAR, y su carpeta será cargada en Amazon.

Paso Diez: Amazon requerirá de 12 a 48 horas para procesar las carpetas que haya cargado dentro del formato que soporta los Dispositivos Móviles. Amazon convierte los documentos y carpetas enviado en documentos de formato .MOBI, y en horas usted estará vivo a lo ancho mundial sobre la plataforma Amazon.

Enhorabuena! Usted ahora es un Autor publicado en Amazon!

Capítulo Nueve: Monetización

La publicación digital tiene un aspecto monetario.
Las descargas digitales de su eBook pueden
ofertarse gratis, o usted puede cargar por copia. La
selección es suya. Si usted decide vender su eBook,
Amazon lo tiene fácil para introducir el precio que
usted seleccione.

Si usted selecciona cargar un honorario por su
eBook, entonces debe dirigirse a la monetización.
Simplemente establecido, ¿cuánto usted quiere
cargar por su eBook?

Decidir precio en la plataforma de Kindle se
determina por el panorama de su Copyrights, y por
país. Usted puede establecer su precio US en
Dólares por eBook, y si usted tiene derechos
internacionales sobre su eBook, usted puede usar

ese precio para todos los mercados, o seleccionar diferentes precios para diferentes países.

Amazon actualmente tiene dos estructuras de precios por royalties de autores. Usted puede ganar 35%, o 70% del precio de venta, dependiendo del precio que haya seleccionado previamente para su eBook, el cual varía según el país.

Si usted pone precio a su eBook por debajo de $2.99, entonces usted gana el 35% de royalty sobre las ventas.

Si usted pone precio a su eBook entre $2.99 y $9.99 por cada uno, entonces usted gana el 70% de royalty.

Pero si su precio es mayor de $9.99, entonces regresa atrás al 35% de las ventas.

Definir precio apara su libro es una cuestión espinosa. Como regla general, los pre4cios más bajos tienden a vender más eBooks que los de precios más altos. Sin embargo, mi experiencia refleja que hay precios para eBooks de FICCIÓN, y de NO FICCIÓN.

Los eBooks de No-ficción pueden manejar un precio más alto, y algunas veces se juzgan por actitudes de "tu obtienes aquello por lo que compras"

Los eBook de Ficción, por otra parte, son mejores en precios de menor rango. El precio más popular, en mis investigaciones, es establecer los precios para los eBooks entre $1.99 y $5.99 para cada uno, con la máxima sobre el rango de $2.99 a $3.99.

La publicación digital para ingresar dinero es un juego de números. El mejor resultado parece ser un balance entre más ventas con menos margen, produciendo más ingreso promedio, que las pequeñas ventas de pocos volúmenes con altos márgenes. Es n balance global de todo esto. Afortunadamente, con la plataforma Kindle usted puede cambiar su precio en cualquier momento, y esto le da a usted la oportunidad de "jugar" con los precios para encontrar el dulce grano de su eBook.

Después de un periodo inicial no revelado de 60 días, Amazon paga mensualmente si usted alcanza un mínimo volumen de ventas. Usted puede especificar que sea enviado por cheque mensual, o por transferencia electrónica EFT al número de su cuenta bancaria automáticamente.

Amazon hace estas opciones fáciles de seleccionar y de ejecutar.

Capítulo Diez: Construyendo su Marca

La publicación digital le da a usted enorme riqueza. En los viejos tiempos el mercadeo requería de un gran trato de recursos. Ahora la publicación digital le aporta a usted las herramientas que lo convierten en un potente publicista para una audiencia mundial desde su computadora.

Construir su Marca es todo un tema de mercadeo de sus eBooks, fundamentado sobre la base de su Presencia Web. Amazon ha desarrollado herramientas para autores y publicistas, que debe darle ventajas al hacer su plan de mercado de publicaciones.

Amazon ofrece Páginas de Autor para cada una de sus plataformas alrededor del mundo. Después de que usted publica su primer libro, Amazon le enviará una invitación por email para firmar por otras plataformas internacionales de Amazon. Teclee los vínculos en su correo electrónico y firme por las herramientas de autor de Amazon, y la presencia web.

Publicar en Amazon es justamente el principio, a través de un bien, para la publicación de amplitud mundial. Después que publique su eBook, usted puede considerar la impresión de algunas versiones de "Copia Dura" de su eBook.

Existen pasos adicionales que usted puede dar para la elaboración de su marca en la web. Usted puede ofrecer su versión de "copia dura," contra demanda, impresa una a una, con Create Space; por ejemplo. Barnes & Noble es otra gran salida para la distribución

Registre una URL usando su Título para un sitio web que usted haya creado para dedicarlo para su eBook. El sitio web, con su Título de eBook cómo la URL, podría funcionar como una herramienta de mercado. Sobre este sitio web titulado como su eBook usted puede construir un vincula (descargue el código desde Amazon) para traer gente al almacén de Amazon para comprar su libro eBook.

Además, hay software que se pueden descargar desde terceras partes, que le permiten Manejar la descarga de un PDF de su eBook desde su sitio web. Sin embargo tenga mucha precaución y manténgase siempre dentro de las reglas de Amazon, así que estudie todo lo que Amazon le explica Acerca de este tópico.

Nota: Construir un sitio web dedicado tienes sus costos de hospedaje. Una ventaja de publicar con Amazon es que no hay costos.

Sobre las plataformas de Amazon, su eBook puede ingresar, a través del tiempo, sin sobrecostes, haciendo a la publicación digital algo sin paralelos en cuanto al retorno potencial de inversiones. Todo o casi todo lo de su libro, está en la contraportada de su proyecto.

Si usted trabaja la parte final de la publicación, puede aumentar sus ventas dramáticamente, contacte canales de distribución adicionales. Publicado su eBook, usted puede planificar entrevistas de entrevistas de Radio, conferencias, escribir artículos de prensa y realizar otras actividades ricas en salidas para aumentar la publicidad y exposición de su eBook.

Capítulo Once: Publique Traducciones en idiomas extranjeros de su eBook como eBooks Separados

Cada uno tiene su lenguaje nativo. Traducir su eBook a lenguajes extranjeros es un método de enriquecer su amplitud mundial, e incrementar el placer de sus lectores.

Hay muchas formas de enfocar la Traducción, cómo el lenguaje que envuelve, es una muy delicada proposición en la publicación de eBooks. Sin embargo, traducir su eBook lo hace de gran sentido desde el punto de vista del mercadeo y de la marca, y puede ser muy efectivo. However, translating your eBook makes great sense from a marketing, and branding point of view, and can be very effective.

La Traducción se realiza mejor cuando la hace un parlante nativo del idioma al que se traduce. Si usted no cuenta con un nativohablante, o con una persona debidamente examinada y autorizada académicamente, con experiencia práctica, del idioma al que usted está interesado en realizar la traducción, cualquier otra opción es alquilar un servicio.

Otro método de Traducción de documentos Word a otro idioma consiste en usar la "traducción mecánica" por software. Pero debe usar esos métodos d con Mucho Cuidado y Revisar Muy Bien Párrafo a Párrafo.

Usar traductores "mecánicos" es excelente para propósitos de una primera versión de Borrador, pero son mejor usados en combinación con un parlante nativo. Los software de Traducción debe aún captar la verdadera sutileza del lenguaje, por cuánto las traducciones son delicadas y requieren gran atención.

Google ofrece algunas herramientas para la Google Transalpino y puede ser un buen punto de partida. En la plataforma Kindle las traducciones de idioma foráneo de su eBook están consideradas como eBooks independientes y separados del escrito en idioma originario. Asegúrese de asegurar TODOS los copyrights de escritura, a sus Traducciones, si usted usa traductores como terceras partes.

Capítulo Doce: Vista general y Guía Rápida

La publicación de su eBook en la plataforma Kindle de espectro mundial de Amazon es algo potente, satisfaciente, y potencialmente provechoso.

Abajo están listados los 19 Pasos que puede seguir para producir eBooks vibrantes, dinámicos y exitosos, publicados en la plataforma Kindle de

Amazon, para distribución y ventas a todo lo amplio del mundo.

Use los pasos que se indican abajo para llevar su eBook desde el Concepto hasta el Flujo de Caja.

Paso 1: Índice

Paso 2: Prefacio

Paso 3: Acerca del Libro

Paso 4: Sobre el Autor

Paso 5: Introducción

Paso 6: Capítulos

Paso 7: Epílogo

Paso 8: Títulos y Subtítulos

Paso 9: Formateando su WORD.doc

Paso 10: Insertando Saltos de Páginas

Paso 11: Insertando Encabezamientos 1 y 2

Paso 12: Hipervínculos y Señales

Paso 13: Guardando y Nombrando sus carpetas

Paso 14: Formateando Imágenes

Paso 15: Comprimiendo Carpetas

Paso 16: Creando la Cubierta de su eBook

Paso 17: Editando su eBook

Paso 18: Lista de Chequeo Final y Repaso

Carga 19: Carga en Amazon

Aquí tienes, futuro autor de eBook.

Los Pasos descritos antes son su mapa de carretera para la publicación de eBooks en Amazon. Estos son las herramientas necesarias para traer su eBook desde su computadora, hasta la plataforma conductor de ventas de amplitud mundial en la web, generadora de ingresos. La publicación Kindle le aporta a usted la plataforma más potente para ganar royalties, y alcanzar el mundo con su contenido. Sé que usted va a disfrutar revisando sus reportes de Amazon, y viendo las veces que alrededor del mundo su libro es vendido y disfrutado. Puede que su experiencia de publicación este tan resguardada cómo yo la encontré, pero espero que este eBook sea un recurso útil para sus proyectos de publicación digital.

Gracias por leer, y feliz publicación en Kindle Amazon!